AF478066

BERLIN BIS

JORDI BERNADÓ   RAMON PRAT

During the Autumn of 1993 we began this modest photographic chronicle on the city of Berlin. It was a moment of tranquillity for a city undergoing reconstruction (or construction twice-over). Now, six years later, many of the things that were there (on top of what didn't exist) are no longer there. As if the city that was and no longer is were rebuilt.

Berlin Bis is a city that doesn't exist. It's a shadow, a sigh, a pointless endeavor, a city that grows and un-grows, that rests and surfaces, that looks towards the future and at its own past; in reality, a photo-chronicle.

Durante el otoño de 1993 empezó esta pequeña crónica fotográfica sobre la ciudad de Berlín. Fue aquel un momento de tranquilidad para una ciudad en proceso de re-construcción (o construcción-bis). Ahora, después de 6 años muchas de las cosas que allí estaban (sobre aquello que no existía) ya no están. Como si se reconstruyera la ciudad que fue y ya no es.

Berlin Bis es una ciudad que no existe. Es una sombra, un aliento, un esfuerzo futil, una ciudad que crece y de-crece, que yace y emerge, que mira hacia el futuro y a su pasado, en realidad una foto-crónica.

Im Herbst des Jahres 1993 begann diese kleine fotografische Chronik der Stadt Berlin. Es war ein ruhiger Moment im Verlauf der Rekonstruktion dieser Stadt (oder ihrer Konstruktion-bis). Jetzt, nach sechs Jahren, ist vieles von dem, was damals anwesend war (und nicht anwesend war) nicht mehr da. Es ist als ob man versuche, diese Stadt zu gestalten, wie sie einmal war und nicht mehr ist. Berlin bis ist eine Stadt, die nicht existiert: Ein Schatten, ein Hauch, eine belanglose Mühe, eine Stadt die zunimmt und abnimmt, die ausruht und sich bewegt, die nach vorne und hinten schaut; in Wirklichkeit eine Foto-Chronik.

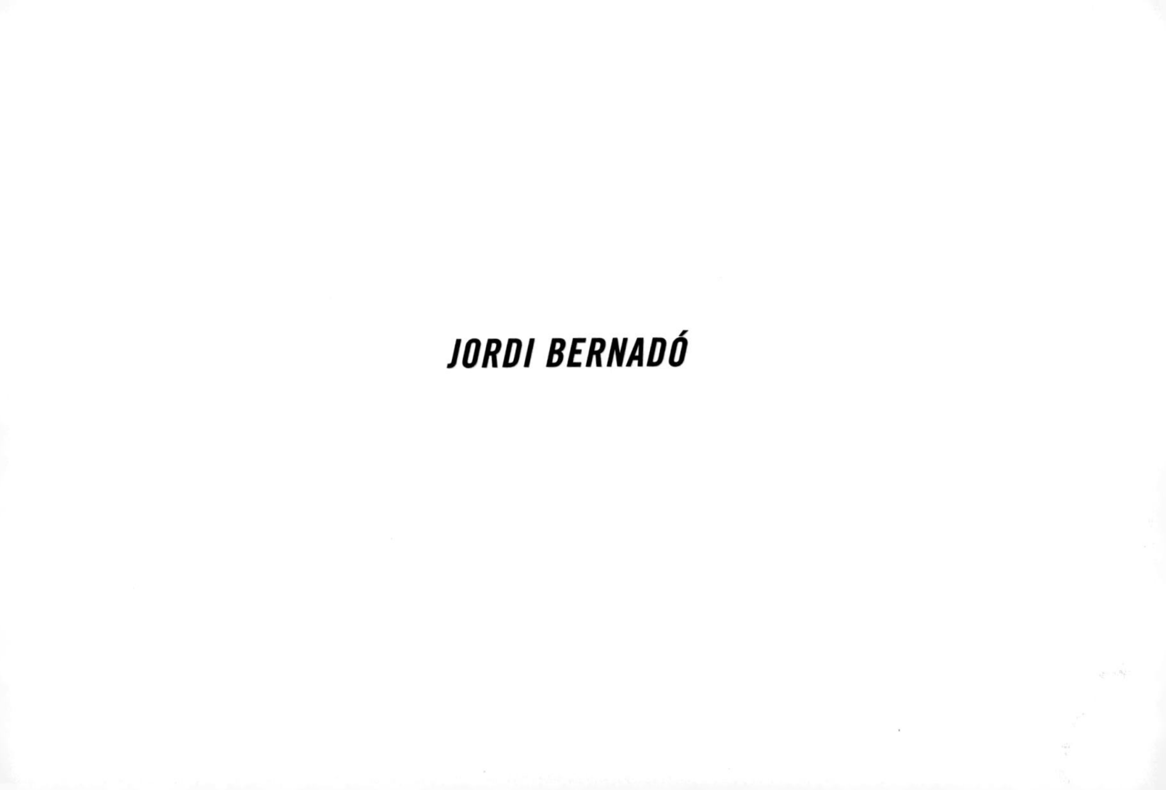

JORDI BERNADÓ

müller
BÜROFLÄCHEN
88 46 50
Büro-
flächen
zu
vermieten
Jones Lang
Wootton
030 · 20 39 40
Bau- Berufsgenossenschaft Hannover
SCHWÄTZER
M CARRET
CTC

SOUVENIRS
Kodak

KOSCHWITZ
NEU!
DIE TÄGLICHE SERIE AB 2. JUNI, 19.10 UHR.
SAT.1
Geliebte
Schwestern
GELIEBTE SCHWESTERN.
JUNGES BLUT FÜRS KRANKENHAUS.
frei

Mercedes
Gelegenheiten
IMBISS
KIOSK IM KULTURFORUM
KIOSK

FINOW BAUSTELLENABSICHERUNG BERLIN 030/550 9
FINOW
Kino event Kino
event
Waldbühne Waldbühne
10 JAHRE HUNDERT, 6
Middle of the Road
smokie
Middle of the Road
smokie
B MH 4582

PUK
NEU: 518i. BESCHEIDEN NUR IM PREIS.
PUK
MEN.
Eternit
ADIES
DAS PAR
AUF ERDEN
FÜR IHRE BLU

KOSCHWITZ
KOSCHWITZ
...denn das
Leben ist schon
hart genug!
MILKO
Stellen Sie sich vor: Berlin
und kaum einer kommt hir

Filmtheater
KOSMOS

113 114
100
Friedrichshain 1
1 Charlottenburg Tiergarten
Alexanderplatz
Zoo
Schönefeld
Tegel
Leipziger Straße

Platz vor dem Brandenburger Tor
Freie Theateranstalten Berlin
Ich bin's nicht,
Adolf Hitler ist es gewesen

B·NT 1980
OF·MS 589
B·AU 7·92
B·PN 5252
AC·M 8261
OF·MS 589

Bratwurst
Pollems
Coca-Cola
Coca-Cola
Coca-Cola

hothouse
flowers
Kunze

Pollenis
Pollenis
...enn das
Leben ist schon
hart genug!

IMBIS
Büro-
flächen
zu
vermieten
88 46 50
Jones Lang
Wootton
030 • 20 39 80 • 9
NEU! DIE TÄGLICHE SERIE
Geliebte
Schwestern
GELIEBTE SCH
ORIGINAL
Berliner
IMBISS
Wir machen die Hendl.

Elp

AEG
HERZBERGSTRASSE/SPIEGEL
BEROLINA

SAG MIR WO DIE BLUMEN SIND
BUSCH-ROLAND

CIRCUS
BUSCH · ROLAND
BUSCH·BERLIN
BUSCH · ROLAND
ROLAND

AIR FRANCE

SAMSUNG
VIDEO AUDIO COMPUTER
MIKROWELLENHERD
Agfa FILM
BERLINER KURIER
ESCADOS
STEAKHOUSE CAFÉ
GÖRTZ
West

FUJIFILM
TEPPICHLAND BERLIN
FUJIFILM
FUJIFILM
RESTAURANT
FOTO
WEGE
RADIO
HITACHI
DUNLOP REIFEN DUNLOP
SALOME
ZAUBERVOGEL
DER CHINESISCHE
NATIONALCIRKUS
DER CHINESISCH
NATIONALCIRKU

SPEISEEXPRESS

MOSKAU

GERM   APOTHEKE

EUREAL
030 / 323 10 88
Vermietung, Verkauf
gewerbl. Immobilien

Baut die
Mauer

SHARP
TV·VIDEO·AUDIO

KINO INTERNATIONAL
HOTEL BEROLINA
MADE IN AMERICA
Karl-Marx-Allee
POLIZEI

PUK
Zwei sind besser als einer.

PUK
DAS PARADIES
AUF ERDEN
FÜR IHRE BLUMEN.
PUK
Zwei sind besser als einer.
Das Volkswagen Anbau-System.
PUK
PREISERHÖHUNG?
NEIN, DANKE!
DEN PREIS GIBT
3,90
PALL MALL
PUK
DAS PARADIES
AUF ERDEN
FÜR IHRE BLUMEN.
PUK

BULGARIA   PLEVEN

MASKEN KOSMETIK
TAXI TAXI

Autohaus Friedrichsfelde
Tiffany
Klassik
halogen
Licht & Technik

GRÜN
GLAS
Schmeckt wie im Kohltopf. Mücke.
Test the lights!
GRÜN GLAS

NETWORK
OFFICE
CHECKPOINT
CHARLIE
CHECKPOINT

BSR
BSR
SULO
FINOW
JIM CORBET

Kinder
und
Narren
Brauchen die
Freiheit, lieben
die Wahrheit,
die Sonne,
das Licht
Kinder und
Narren
verlachen das
Gold, verachten
die Macht,
die mensch ihnen
verspricht
Nur Kinder
und Narren
Spielen mit Träumen
Sprechen mit Bäumen
Wissen, daß
mensch das kann
Nur Kinder
und
Lebe   en
in und   daran

FINOW
FINOW
FINOW
FINOW
Klim Event
Waldbühne

ETALIT AG
BWTS
Berliner WasserTaxi-Stadtrundfahrten
Anlegestelle

MIDI

RÖRO
THYSSEN HÜNNEBECK
RÖRO
GERÜSTBAU

RAMON PRAT

Berlin
Berlin
SAMSUNG
AGFA FILM
ESCADOS
STEAKHOUSE CAFÉ

SONY
ESPLANADE

AXEL SPRINGER VERLAG

Filmtheater
KOSMOS

MESSE BERLIN

INTERNATIONAL
Wir kommen auch anders...
TAXI TAXI

BÄCKEREI & KONDITOREI

Berline

THYSSEN HÜNNEBECK
RÖRO
GERÜSTBAU
THYSSEN

KUNSTGEWERBEMUSEUM
BERLINER PHILHARMONISCHES ORCHESTER

Mulackstraße

ZÜBLIN
LIEBHERR

NEUE ZEIT
DER CHRISTLICH-DEMOKRATISCHEN UNION DEUTS
Buchverlag
Dann wird's
höchste Zeit, sie
mal zu lesen.
.sZ
MEHR DRIN. MEHR DRAN. FIAT TEMPRA

NEUE ZEIT
DER CHRISTLICH-DEMOKRATISCHEN UNION DEUTSC
UNION VERLAG

NEUE ZEIT
TLICH-DEMOKRATISCHEN UNION DEUTSCHLANDS
Württemberger Hypo

CIA Headquarters

Charlie wird Checkpoint Plaza
BERLIN CHECKPOINT Plaza
Investor:
Generalunternehmer:
SBB STADTPROJEKT

Fleischerei
Marlboro

MVS
MVS
MVS
MVS

88 46 50

U
Bhf Potsdamer Platz

IMAX
POTSDAMER PLATZ
SATURN

BERLINER HANDWE

KUNSTGEWERBEMUSEUM

Nr. 826
MVS
Bau vor dem
Brandenburger Tor

gti

Unter den Linde

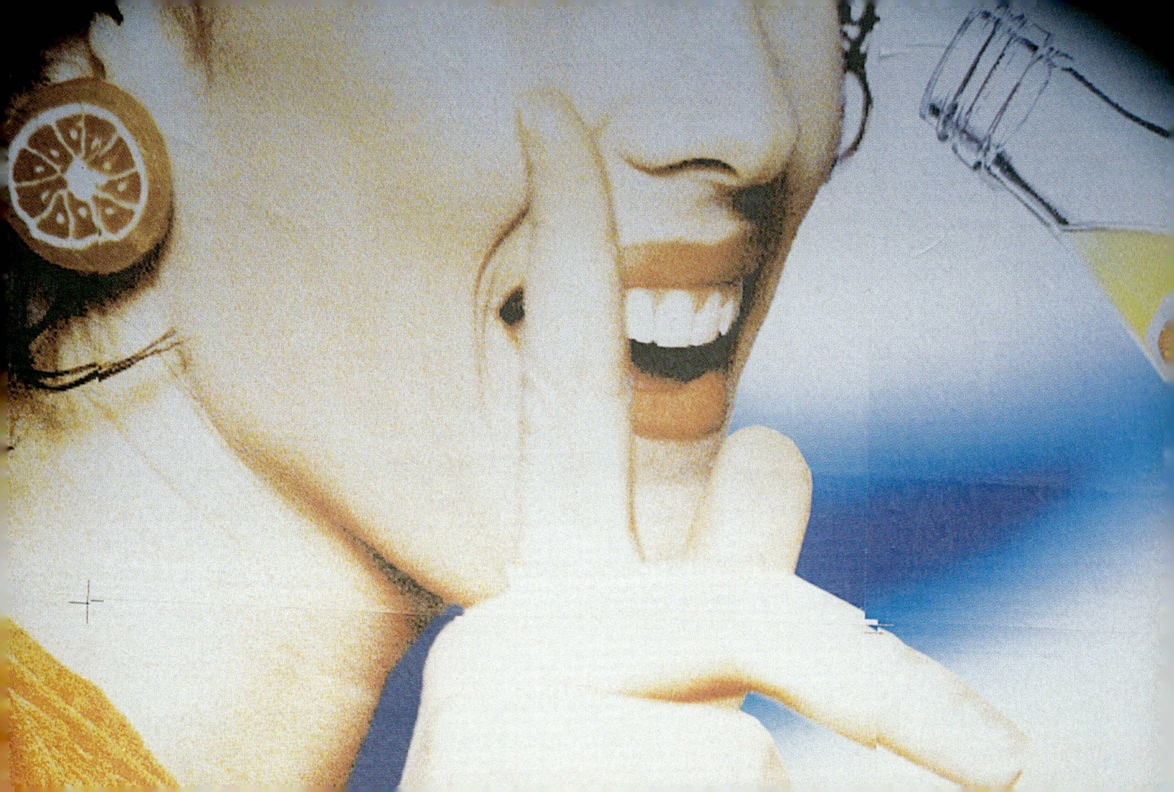

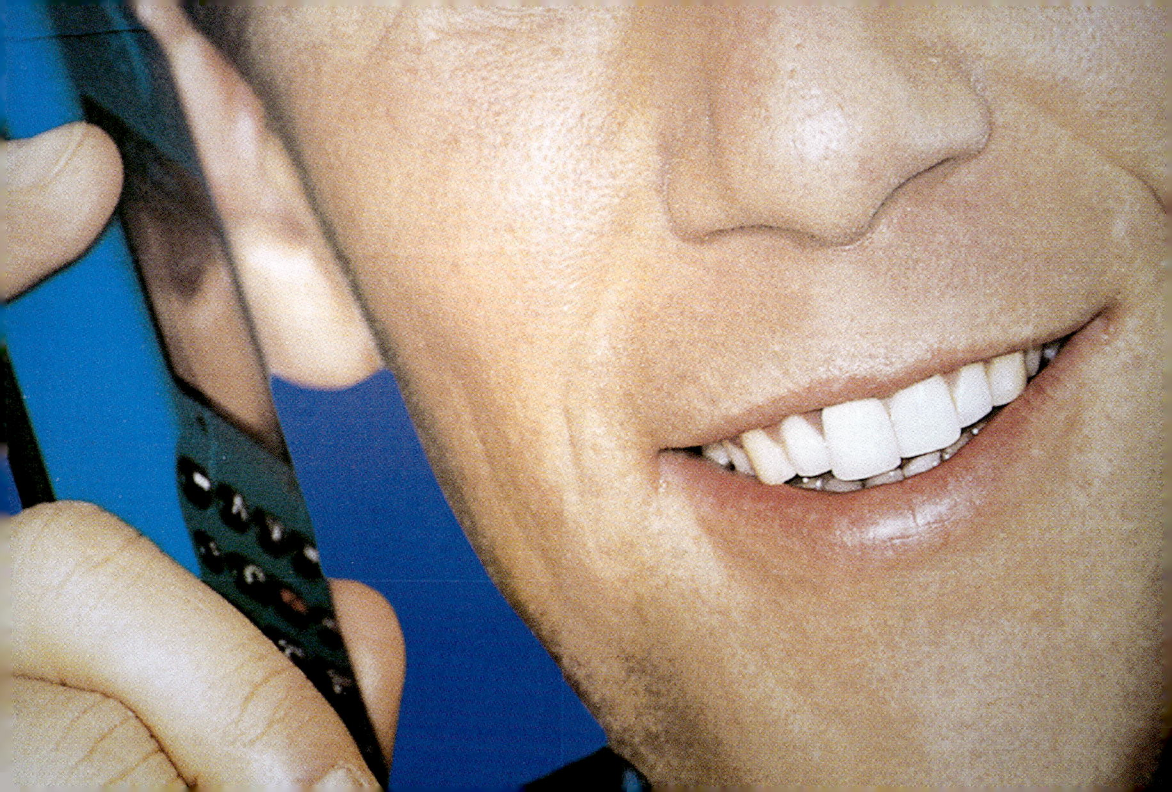

Fotografías Photographs Photografien **Jordi Bernadó, Ramon Prat**
Edita Published by Verlag **ACTAR**
Diseño gráfico Graphic design Grafik-Design **Ramon Prat**
Producción Production Herstellung **Font i Prat Ass.**
Impresión Printing Druck **Ingoprint SA**
Distribución Distribution Vertrieb **ACTAR** Roca i Batlle, 2 08023 Barcelona
Tel +34 93 418 77 59 Fax +34 93 418 67 07 arquitec@actar.es www.actar.es

ISBN 84-89698-42-2
DL B-42535/99
Printed and Bound in the European Union
Barcelona 1999